DÉCISION PRÉSIDENTIELLE

DU 29 JUIN 1878,

MODIFIANT LES TARIFS DE SOLDE,

PAR SUITE DU VOTE DE LA LOI

SUR LES PENSIONS DE RETRAITE DES OFFICIERS.

(Extrait du *Journal militaire officiel*, partie réglementaire, 1er semestre 1878, n° 31.)

PARIS,

LIBRAIRIE MILITAIRE DE J. DUMAINE,

LIBRAIRE-ÉDITEUR,

RUE ET PASSAGE DAUPHINE, 30.

1878

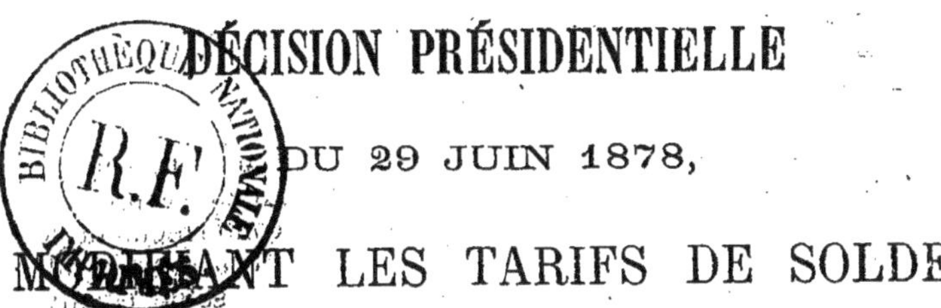

DÉCISION PRÉSIDENTIELLE

DU 29 JUIN 1878,

MODIFIANT LES TARIFS DE SOLDE,

PAR SUITE DU VOTE DE LA LOI

SUR LES PENSIONS DE RETRAITE DES OFFICIERS.

———————

Rapport au Président de la République française.

Monsieur le Président,

L'article 1er de la nouvelle loi sur les pensions de retraite des officiers porte que la retenue prélevée sur la solde des officiers et assimilés de tout grade, en activité de service, est élevée de 2 % à 5 %. Il devient, par suite, nécessaire d'apporter, dès à présent, d'après cette base, des modifications aux tarifs afférents à la solde proprement dite.

D'après le texte même de cet article, il m'a semblé que le traitement des maréchaux de France devait subir la nouvelle retenue, bien qu'ils ne fussent pas appelés, par leur situation, à bénéficier de la nouvelle loi.

D'un autre côté, les officiers en non-activité et ceux en réforme, continueront à ne subir que la retenue de 2 %.

Il y a lieu également de maintenir à 2 % la retenue prélevée sur la solde des ouvriers d'état de l'artillerie et du génie, des gardiens de batterie, des portiers-consignes et des bateliers aides-portiers, qui n'ont pas rang d'officier.

En l'absence des crédits nécessaires, les fixations qui figurent dans les nouveaux tarifs n'ont pu être exprimées en chiffres ronds de décimes, et, pour simplifier les décomptes, j'ai supprimé le troisième chiffre décimal.

J'ai saisi cette occasion pour faire disparaître les traitements déterminés pour les chefs et sous-chefs ouvriers d'état du génie, par cette raison qu'il n'existe plus de titulaires de ces emplois non prévus par la loi du 13 mars 1875, relative à la constitution des cadres et des effectifs de l'armée ; ils n'avaient été maintenus que transitoirement jusqu'à extinction.

Les officiers retraités, employés dans le service du recrutement ou faisant partie du personnel permanent et soldé de l'armée territoriale n'auront droit, à titre d'indemnité, conformément aux articles 18 et 53 de la loi précitée du 13 mars 1875, qu'à la différence existant entre leur pension et la nouvelle solde d'activité de l'emploi qu'ils occupent. On ne peut que leur appliquer ce principe *quant à présent*, les Chambres ne s'étant pas encore prononcées sur le projet de loi qui leur a été soumis en vue d'apporter une modification auxdits articles, en ce qui concerne le mode de rémunération dont les services de ces officiers seraient susceptibles.

Les dispositions contenues dans les tarifs actuellement en vigueur continueront d'être appliquées, et les fixations seules en seront modifiées ainsi qu'il suit :

Les tableaux A, B, C, annexés à la décision présidentielle du 8 mars 1877 seront remplacés par les nouveaux tableaux A, B, C ci-joints.

Le tarif n° 13, modifié par le nouveau tarif n° 13.

Les tarifs n⁰ˢ 33 et 34, annexés au décret du 25 décembre 1875, par les tarifs n⁰ˢ 33 et 34 ci-joints.

Les tableaux n⁰ˢ 1, 3, 5, 7, 9 du tarif n° 58, faisant suite au décret du 25 décembre 1875, seront remplacés par les tableaux n⁰ˢ 1, 3, 5, 7, 9, ci-joints.

J'ai l'honneur de vous prier, monsieur le Président, de vouloir bien approuver le présent rapport ainsi que les tarifs énumérés ci-dessus, qui recevront leur application, comme le porte la nouvelle loi sur les pensions (article 1ᵉʳ) à dater du 1ᵉʳ juillet.

Veuillez agréer, monsieur le Président, l'hommage de mon respectueux dévouement.

Le Ministre de la guerre,

Signé : Gᵃˡ BOREL.

APPROUVÉ :

Le Président de la République,

Signé : Mᵃˡ DE MAC-MAHON.

TABLEAU A MODIFIÉ.

ARMES SPÉCIALES ET PERSONNELS SANS ASSIMILATION POUR LA SOLDE.

---

§ 1er. — ARMES SPÉCIALES.

État-major général; Corps d'état-major et service d'état-major; Intendance militaire; État-major particulier de l'artillerie; État-major particulier du génie; Corps de santé; Régiments d'artillerie et train d'artillerie; Ouvriers d'artillerie et artificiers; Régiments du génie.

DÉSIGNATION DES GRADES ET EMPLOIS.	SOLDE budgétaire par an.	RETENUE à déduire.	SOLDE NETTE			SOLDE nette d'absence par jour.	OBSERVATIONS.
			par an.	par mois.	par jour.		
	fr. c.	fr. c.	fr. c.	fr. c.	fr. c.	fr. c.	
Maréchal de France.	30,422 45	4,506 42	28,616 33	2,384 69	79 48	»	
Commandant en chef d'une armée. .	. . . .	. . . .	. . . .	. . . .	. . . .	. . . .	Une décision spéciale détermine la solde du commandant en chef d'une armée.
Général de division.							
Intendant général inspecteur.	19,836 73	994 84	18,844 89	1,570 44	52 35	26 17	
Général de brigade.							
Intendant militaire.	13,224 49	661 22	12,563 27	1,046 94	34 90	17 45	
Médecin et pharmacien inspecteur. .							
Colonel, sous-intendant militaire de 1re classe, médecin et pharmacien principal de 1re classe.	9,073 47	453 67	8,619 80	718 32	23 94	11 97	
Lieutenant-colonel, sous-intendant militaire de 2e classe, médecin et pharmacien principal de 2e classe.	7,457 14	372 86	7,084 28	590 36	19 68	9 84	
Chef d'escadron, chef de bataillon, major, adjoint de 1re classe à l'intendance militaire, médecin et pharmacien-major de 1re classe.	6,281 63	344 08	5,967 55	497 30	16 58	8 29	
Capitaine de 1re classe, capitaine commandant, adjoint de 2e classe à l'intendance militaire, médecin et pharmacien-major de 2e classe. .	3,783 67	189 18	3,594 49	299 54	9 98	4 09	
Capitaine de 2e classe, capitaine en second.	3,379 59	168 98	3,210 61	267 55	8 92	4 46	
Lieutenant (État-major et service d'état-major), quelle que soit la classe . . . . Lieutenant en premier, médecin et pharmacien aide-major de 1re classe.	2,684 63	134 08	2,547 55	212 30	7 08	3 54	
Lieutenant en second, médecin et pharmacien aide-major de 2e classe. Sous-lieutenant (Artillerie et génie). .	2,608 16	130 44	2,477 75	206 48	6 88	3 44	
Sous-lieutenant (Service d'état-major).	2,497 95	124 90	2,373 05	197 75	6 59	3 29	

§ 2. — PERSONNELS SANS ASSIMILATION POUR LA SOLDE.

DÉSIGNATION DES GRADES ET EMPLOIS.	SOLDE budgétaire par an.	RETENUE à déduire.	SOLDE NETTE par an.	SOLDE NETTE par mois.	SOLDE NETTE par jour.	SOLDE nette d'absence par jour.	OBSERVATIONS.
	fr. c.	fr. c.	fr. c.	fr. c.	fr. c.	fr. c.	
ÉTAT-MAJOR DES PLACES.							
Colonel	6,979 59	348 98	6,630 64	552 55	18 42	9 21	
Lieutenant-colonel	5,840 82	292 04	5,548 78	462 40	15 41	7 70	
Chef de bataillon	4,959 18	247 96	4,711 22	392 60	13 09	6 54	
Capitaine — de 1re classe	3,195 92	159 80	3,036 12	253 01	8 43	4 21	
Capitaine — de 2e classe	2,902 04	145 10	2,756 94	229 74	7 66	3 83	
Lieutenant — de 1re classe	2,314 29	115 71	2,198 58	183 21	6 11	3 05	
Lieutenant — de 2e classe	2,240 82	112 04	2,128 78	177 40	5 94	2 95	
Sous-lieutenant	2,130 64	106 53	2,024 08	168 67	5 62	2 84	
EMPLOYÉS MILITAIRES DE L'ARTILLERIE.							
Garde — principal de 1re classe	3,379 59	168 98	3,210 64	267 55	8 92	4 46	
Garde — principal de 2e classe	3,085 74	154 29	2,931 42	244 28	8 14	4 07	
Garde — de 1re classe	2,608 16	130 44	2,477 75	206 48	6 88	3 44	
Garde — de 2e classe	2,314 29	115 74	2,198 58	183 21	6 11	3 05	
Garde — de 3e classe	2,130 64	106 53	2,024 08	168 67	5 62	2 84	
Contrôleur — principal de 1re classe	3,379 59	168 98	3,210 64	267 55	8 92	4 46	
Contrôleur — principal de 2e classe	3,085 74	154 29	2,931 42	244 28	8 14	4 07	
Contrôleur — de 1re classe	2,608 16	130 44	2,477 75	206 48	6 88	3 44	
Contrôleur — de 2e classe	2,314 29	115 74	2,198 58	183 21	6 11	3 05	
Contrôleur — de 3e classe	2,130 64	106 53	2,024 08	168 67	5 62	2 84	
Ouvrier d'état — de 1re classe	1,653 06	33 06	1,620 00	135 00	4 50	2 25	Ces traitements sont passibles de la retenue de 2 p. 100 seulement.
Ouvrier d'état — de 2e classe	1,469 39	29 39	1,440 00	120 00	4 00	2 00	
Gardien de batterie — de 1re classe	1,653 06	33 06	1,620 00	135 00	4 50	2 25	
Gardien de batterie — de 2e classe	1,469 39	29 39	1,440 00	120 00	4 00	2 00	
EMPLOYÉS MILITAIRES DU GÉNIE.							
Adjoint — principal de 1re classe	3,379 59	168 98	3,210 64	267 55	8 92	4 46	
Adjoint — principal de 2e classe	3,085 74	154 29	2,931 42	244 28	8 14	4 07	
Adjoint — de 1re classe	2,608 16	130 44	2,477 75	206 48	6 88	3 44	
Adjoint — de 2e classe	2,314 29	115 74	2,198 58	183 21	6 11	3 05	
Adjoint — de 3e classe	2,130 64	106 53	2,024 08	168 67	5 62	2 84	
Sous-officier stagiaire	1,728 00	»	1,728 00	144 00	4 80	»	La solde des sous-officiers stagiaires n'est pas passible de la retenue de 2 p. 100.
Ouvrier d'état — de 1re classe	1,653 06	33 06	1,620 00	135 00	4 50	2 25	
Ouvrier d'état — de 2e classe	1,469 39	29 39	1,440 00	120 00	4 00	2 00	
Portier-consigne — de 1re classe	1,248 98	24 98	1,224 00	102 00	3 40	1 70	Ces traitements sont passibles de la retenue de 2 p. 100 seulement.
Portier-consigne — de 2e classe	1,175 51	23 51	1,152 00	96 00	3 20	1 60	
Portier-consigne — de 3e classe	1,068 51	24 51	1,044 00	87 00	2 90	1 45	
Batelier aide-portier	884 63	17 63	864 00	72 00	2 40	1 20	
INTERPRÈTES MILITAIRES.							
Interprète principal	5,528 57	276 43	5.252 44	437 68	14 59	7 29	
Interprète — de 1re classe	3,746 93	187 35	3,559 58	296 63	9 89	4 94	
Interprète — de 2e classe	2,993 87	149 69	2,844 18	237 04	7 90	3 95	
Interprète — de 3e classe	2,354 02	117 55	2,233 47	186 12	6 20	3 10	
Interprète auxiliaire — de 1re classe	2,020 40	104 02	1,919 38	159 95	5 33	2 66	
Interprète auxiliaire — de 2e classe	1,726 53	86 33	1,640 20	136 68	4 55	2 28	
AUMÔNIERS DES ARMÉES.							
Aumônier en chef (en cas de mobilisation seulement)	»	»	6,984 00	582 00	19 40	9 70	
Aumônier de corps d'armée (en cas de mobilisation seulement)	»	»	4,752 00	396 00	13 20	6 60	
Aumônier titulaire	»	»	2,376 00	198 00	6 60	3 30	Le traitement des aumôniers militaires n'est pas passible de la retenue de 2 p. 100 au profit du Trésor.
Aumônier auxiliaire à l'intérieur	»	»	252 00	21 00	0 70	»	
Aumônier auxiliaire en Algérie	»	»	252 00	21 00	0 70	»	
AUMÔNIERS DES HÔPITAUX MILITAIRES.							
Aumônier — de 1re classe	»	»	2,376 00	198 00	6 60	3 30	
Aumônier — de 2e classe	»	»	2,046 00	168 00	5 60	2 80	
Aumônier — de 3e classe	»	»	1,728 00	144 00	4 80	2 40	
Aumônier — de 4e classe	»	»	1,440 00	120 00	4 00	2 00	
Aumônier — de 5e classe	»	»	1,416 00	93 00	3 10	1 55	

TABLEAU B MODIFIÉ.

Officiers d'infanterie (y compris ceux des compagnies de discipline); Archivistes nommés en vertu de la loi du 13 mars 1875 modifiée par la loi du 15 décembre 1875; Services administratifs; Personnel de la justice militaire (ateliers, pénitenciers et prisons).

DÉSIGNATION DES GRADES ET EMPLOIS.	SOLDE budgétaire par an.	ABSENCE à déduire.	SOLDE NETTE			SOLDE nette d'absence par jour.	OBSERVATIONS.
			par an.	par mois.	par jour.		
	fr. c.	fr. c.	fr. c.	fr. c.	fr. c.	fr. c.	
Colonel.	7,897 96	394 90	7,503 06	625 25	20 84	10 42	
Lieutenant-colonel	6,434 69	306 73	5,827 96	485 66	16 19	8 10	
Chef de bataillon ou major, officier d'administration et greffier principal.	5,253 06	262 65	4,990 44	415 87	13 86	6 93	
Capitaine de 1re classe, officier d'administration et greffier de 1re classe, capitaine attaché au service de la justice militaire, capitaine des compagnies de discipline.	3,600 00	180 00	3.420 00	285 00	9 50	4 75	
Capitaine de 2e classe, officier d'administration et greffier de 2e classe.	3,306 12	165 31	3,140 81	261 73	8 72	4 36	
Lieutenant de 1re classe, adjudant d'administration en premier, greffier de 3e classe, lieutenant attaché au service de la justice militaire, lieutenant des compagnies de discipline.	2,497 96	124 90	2,373 06	197 75	6 59	3 30	
Lieutenant de 2e classe.	2,424 49	121 22	2.303 27	191 94	6 40	3 20	
Sous-lieutenant, adjudant d'administration en second, greffier de 4e classe.	2,314 29	115 71	2,198 58	183 21	6 11	3 06	

TABLEAU C MODIFIÉ

Officiers de cavalerie ; Officiers du train des équipages militaires ; Officiers employés dans les bureaux de recrutement ou faisant partie du personnel administratif permanent et soldé de l'armée territoriale ; Officiers employés dans les dépôts de remonte ; Officiers employés aux affaires indigènes ; Vétérinaires.

DÉSIGNATION DES GRADES ET EMPLOIS.	SOLDE budgétaire par an.	RETENUE à déduire.	SOLDE NETTE par an.	par mois.	par jour.	SOLDE nette d'absence par jour.	OBSERVATIONS.
	fr. c.	fr. c.	fr. c.	fr. c.	fr. c.	fr. c.	
Colonel.	8,485 71	424 29	8,061 42	671 79	22 39	11 20	
Lieutenant-colonel ; vétérinaire principal de 1re classe.	6,557 14	327 86	6,229 28	549 11	17 30	8,65	
Chef d'escadron ou major ; chef de bataillon de recrutement et de l'armée territoriale ; vétérinaire principal de 2e classe ; chef de bataillon ou d'escadron employé aux affaires indigènes.	5,528 57	276 43	5,252 14	437 68	14 59	7 30	
Capitaine commandant ; capitaine de recrutement et de l'armée territoriale ; capitaine employé aux affaires indigènes.	3,746 93	187 35	3,559 58	296 63	9 89	4 95	
Capitaine en 2d ; vétérinaire en 1er.	3,361 22	168 06	3,193 16	266 10	8 87	4 43	
Lieutenant en 1er ; lieutenant de recrutement ; lieutenant de l'armée territoriale ; lieutenant employé aux affaires indigènes ; vétérinaire en 2d.	2,644 89	132 24	2,512 65	209 39	6 98	3 49	
Lieutenant en 2d.	2,534 69	126 73	2,407 96	200 66	6 69	3 35	
Sous-lieutenant ; aide-vétérinaire	2,424 49	121 22	2,303 27	191 94	6 40	3 20	

PERSONNELS MILITAIRE ET CIVIL EMPLOYÉS DANS LES ÉCOLES MILITAIRES. PROFESSEURS MILITAIRES DES ÉCOLES D'ARTILLERIE ET PROFESSEURS CIVILS DES ÉCOLES D'ARTILLERIE ET DU GÉNIE.

§ 1er. — OFFICIERS.

1° CADRES.

DÉSIGNATION DES GRADES ET EMPLOIS.			SOLDE budgétaire par an.	RETENUE à déduire.	SOLDE NETTE par an.	par mois.	par jour.	SOLDE nette d'absence par jour.	OBSERVATIONS.
			fr. c.	fr. c.	fr. c.	fr. c.	fr. c.	fr. c.	
Officiers de toutes armes.	Général de brigade		13,224 49	661 22	12,563 27	1,046 94	34 90	17 45	
	Colonel		10,653 06	532 65	10,120 41	843 36	28 11	11 97	
	Lieutenant-colonel		8,846 33	440 82	8,375 51	697 96	23 27	9 84	
	Chef de bataillon ou d'escadron		7,346 94	367 35	6,979 59	584 83	19 39	8 29	
	Capitaine		4,591 84	229 59	4,362 25	363 52	12 12	4 99	
	Lieutenant		3,306 12	165 31	3,140 81	261 73	8 72	3 54	
	Lieutenant en second (1)		3,122 45	156 12	2,966 33	247 19	8 24	3 35	(1) Concerne exclusivement la 5e compagnie de cavaliers de remonte.
	Sous-lieutenant		2,938 78	146 94	2,794 84	232 65	7 75	3 14	
Intendance militaire.	Sous-intendant militaire	de 1re classe	10,653 06	532 65	10,120 41	843 36	28 11	11 97	
		de 2e classe	8,816 33	440 82	8,375 51	697 96	23 27	9 84	
	Adjoint à l'intendance	de 1re classe	7,346 94	367 35	6,979 59	584 83	19 39	8 29	
		de 2e classe	4,591 84	229 59	4,362 25	363 52	12 12	4 99	
Officier de santé.	Inspecteur		13,224 49	661 22	12,563 27	1,046 94	34 90	17 45	
	Principal	de 1re classe	10,653 06	532 65	10,120 41	843 36	28 11	11 97	
		de 2e classe	8,816 33	440 82	8,375 51	697 96	23 27	9 84	
	Major	de 1re classe	7,346 94	367 35	6,979 59	584 83	19 39	8 29	
		de 2e classe	4,591 84	229 59	4,362 25	363 52	12 12	4 99	
	Aide-major	de 1re classe	3,306 12	165 31	3,140 81	261 73	8 72	3 54	
		de 2e classe	2,938 78	146 94	2,794 84	232 65	7 75	3 44	
Officier d'administration.	principal		6,795 92	339 80	6,456 12	538 04	17 93	6 93	
	Comptable	de 1re classe	4,040 82	202 04	3,838 78	319 90	10 66	4 75	
		de 2e classe	3,673 47	183 67	3,489 80	290 82	9 69	4 36	
	Adjudant	en premier	3,306 12	165 31	3,140 81	261 73	8 72	3 30	
		en second	2,938 78	146 94	2,794 84	232 65	7 75	3 06	
Vétérinaire.	Principal	de 1re classe	7,346 94	367 35	6,979 59	584 83	19 39	8 65	
		de 2e classe	6,795 92	339 80	6,456 12	538 04	17 93	7 30	
	en premier		4,040 82	202 04	3,838 78	319 90	10 66	4 43	
	en second		3,306 12	165 31	3,140 81	261 73	8 72	3 49	
	aide-vétérinaire		2,938 78	146 94	2,794 84	232 65	7 75	3 20	
Garde d'artillerie, contrôleur d'armes et adjoint du génie.	Principal	de 1re classe	4,408 46	220 41	4,187 75	348 98	11 63	4 46	
		de 2e classe	4,040 82	202 04	3,838 78	319 90	10 66	4 07	
	de 1re classe		3,489 80	174 49	3,315 31	276 27	9 21	3 44	
	de 2e classe		3,306 12	165 31	3,140 81	261 73	8 72	3 05	
	de 3e classe		2,938 78	146 94	2,794 84	232 65	7 75	2 81	
Ouvrier d'état.	de 1re classe		2,130 61	42 61	2,088 00	174 00	5 80	2 25	Ces traitements sont passibles de la retenue de 2 p. 100 seulement.
	de 2e classe		1,873 47	37 47	1,836 00	153 00	5 40	2 00	

DÉSIGNATION DES GRADES ET EMPLOIS.	SOLDE budgétaire par an.	RETENUE à déduire.	SOLDE NETTE par an.	par mois.	par jour.	SOLDE nette d'absence par jour.	OBSERVATIONS.
	fr. c.	fr. c.	fr. c.	fr. c.	fr. c.	fr. c.	
2° ÉLÈVES.							
1° OFFICIERS DÉTACHÉS DES CORPS DE TROUPE AUX ÉCOLES D'APPLICATION.							
Gendarmerie — Capitaine	3,746 93	187 35	3,559 58	296 63	9 89	4 95	
Gendarmerie — Lieutenant	2,828 57	141 43	2,687 14	223 93	7 46	3 73	
Gendarmerie — Sous-lieutenant	2,608 16	130 41	2,477 75	206 48	6 88	3 44	
Capitaine en pemier de toutes armes	3,746 93	187 35	3,559 58	296 63	9 89	4 95	
Capitaine en second de toutes armes	3,361 22	168 06	3,193 16	266 10	8 87	4 43	
Lieutenant en premier de toutes armes	2,644 89	132 25	2,512 64	209 39	6 98	3 49	
Lieutenant en second de toutes armes et sous-lieutenant d'artillerie et du génie	2,534 69	126 74	2,407 95	200 66	6 69	3 35	
Sous-lieutenant des armes autres que celles de l'artillerie et du génie	2,424 49	121 22	2,303 27	191 94	6 40	3 20	
2° OFFICIERS-ÉLÈVES DES ÉCOLES DE TIR ET DE GYMNASTIQUE.							
Capitaine — de 1re classe	3,600 00	480 00	3,420 00	285 00	9 50	4 75	
Capitaine — de 2e classe	3,306 12	165 31	3,140 81	264 73	8 72	4 36	
Lieutenant — de 1re classe	2,497 96	124 90	2,373 06	197 75	6 59	3 30	
Lieutenant — de 2e classe	2,424 49	121 22	2,303 27	191 94	6 40	3 20	
Sous-lieutenant	2,314 29	115 71	2,198 58	183 21	6 11	3 06	
3° OFFICIERS-ÉLÈVES DES ÉCOLES D'APPLICATION.							
Sous-lieutenant élève. / Médecin ou pharmacien stagiaire	2,467 35	408 37	2,058 98	171 58	5 72	2 86	
Médecin ou pharmacien-élève stagiaire. / Aide-vétérinaire stagiaire	1,763 27	88 16	1,675 11	139 59	4 65	2 32	
3° PROFESSEURS CIVILS.							
1° PROFESSEURS CIVILS DES ÉCOLES D'ARTILLERIE.							
Professeur de sciences. — Avant 10 ans d'exercice	3,978 95	198 95	3,780 00	345 00	10 50	»	
Professeur de sciences. — Après 10 ans d'exercice	4,357 89	217 89	4,140 00	345 00	11 50	»	
Professeur de sciences. — Après 15 ans d'exercice	4,698 95	234 95	4,464 00	372 00	12 40	»	
Professeur de sciences. — Après 20 ans d'exercice	4,888 42	244 42	4,644 00	387 00	12 90	»	
2° PROFESSEURS CIVILS DES ÉCOLES DU GÉNIE.							
Professeur de mathématiques. — Avant 10 ans d'exercice	3,978 95	198 95	3,780 00	345 00	10 50	»	
Professeur de mathématiques. — Après 10 ans d'exercice	4,509 47	225 47	4,284 00	357 00	11 90	»	
Professeur de mathématiques. — Après 15 ans d'exercice	5,002 11	250 11	4,752 00	396 00	13 20	»	
Professeur de mathématiques. — Après 20 ans d'exercice	5,381 05	269 05	5,112 00	426 00	14 20	»	
Professeur de dessin. — Avant 10 ans d'exercice	3,107 37	155 37	2,952 00	246 00	8 20	»	
Professeur de dessin. — Après 10 ans d'exercice	3,448 42	172 42	3,276 00	273 00	9 10	»	
Professeur de dessin. — Après 15 ans d'exercice	3,789 47	189 47	3,600 00	300 00	10 00	»	
Professeur de dessin. — Après 20 ans d'exercice	4,092 63	204 63	3,888 00	324 00	10 80	»	
Professeur de grammaire. — Avant 10 ans d'exercice	2,614 74	130 74	2,484 00	207 00	6 90	»	
Professeur de grammaire. — Après 10 ans d'exercice	2,880 00	144 00	2,736 00	228 00	7 60	»	
Professeur de grammaire. — Après 15 ans d'exercice	3,183 16	159 16	3,024 00	252 00	8 40	»	
Professeur de grammaire. — Après 20 ans d'exercice	3,410 53	170 53	3,240 00	270 00	9 00	»	

SOLDE DE LA 2e SECTION (RÉSERVE) DU CADRE DE L'ÉTAT-MAJOR GÉNÉRAL.

DÉSIGNATION DES GRADES ET EMPLOIS.	SOLDE budgétaire par an.	RETENUE à déduire.	SOLDE NETTE			SOLDE nette, à l'hôpi- tal, par jour.	OBSERVATIONS.
			par an.	par mois.	par jour.		
	fr. c.	fr. c.	fr. c.	fr. c.	fr. c.	fr. c.	
Général de division, intendant général inspecteur.	9,000 00	450 00	8,550 00	742 50	23 75	11 88	
Général de brigade, intendant militaire, médecin et pharmacien inspecteur.	6,002 45	300 12	5,702 33	475 20	15 84	7 92	

SOLDE DE DISPONIBILITÉ.

DÉSIGNATION des GRADES ET EMPLOIS.	PENDANT LES SIX PREMIERS MOIS.						APRÈS LES SIX PREMIERS MOIS.						OBSERVATIONS.
	Solde budgétaire par an.	Retenue à déduire.	Solde nette, par an.	Solde nette, par mois.	par jour.	Solde nette à l'hôpital, en jugement ou en détention, par jour.	Solde budgétaire par an.	Retenue à déduire.	Solde nette, par an.	Solde nette, par mois.	par jour.	Solde nette, à l'hôpital, par jour.	
	fr. c.	fr. c.	fr. c.	fr. c.	fr. c.	fr. c.	fr. c.	fr. c.	fr. c.	fr. c.	fr. c.	fr. c.	
Général de division, intendant général inspecteur.	19,836 73	994 84	18,844 89	1,570 44	52 35	26 47	9,948 37	495 92	9,422 45	785 20	26 47	13 09	
Général de brigade, intendant militaire, médecin et pharmacien inspecteur.	13,224 49	664 22	12,563 27	1,046 94	34 90	17 45	6,612 24	330 64	6,281 63	523 47	17 45	8 73	
Colonel, sous-intendant militaire de 1re classe.	9,070 47	450 07	8,619 80	718 32	23 94	11 97	4,536 73	226 84	4,309 89	359 16	11 97	5 99	
Lieutenant-colonel, sous-intendant militaire de 2e classe.	7,457 14	372 86	7,084 28	590 36	19 68	9 84	3,728 57	186 43	3,542 14	295 18	9 84	4 92	
Chef d'escadron, chef de bataillon, adjoint de 1re classe à l'intendance militaire.	6,284 63	314 08	5,967 55	497 30	16 58	8 29	3,140 82	157 04	2,983 78	248 65	8 29	4 15	
Capitaine de 1re classe, adjoint de 2e classe à l'intendance militaire.	3,783 67	189 18	3,594 49	299 54	9 98	4 99	1,891 84	94 59	1,797 25	149 77	4 99	2 50	
Capitaine de 2e classe.	3,370 50	168 08	3,210 04	267 55	8 92	4 46	1,689 80	84 49	1,605 34	133 78	4 46	2 23	

GENDARMERIE DÉPARTEMENTALE. (INTÉRIEUR.)

DÉSIGNATION DES GRADES ET EMPLOIS.		SOLDE budgétaire par an.	RETENUE à déduire.	SOLDE NETTE			SOLDE nette d'absence par jour.	OBSERVATIONS.
				par an.	par mois.	par jour.		
		fr. c.	fr. c.	fr. c.	fr. c.	fr. c.	fr. c.	
Chef de légion.	Colonel.	8,779 59	438 98	8,340 64	695 05	23 17	11 58	
	Lieutenant-colonel	7,787 75	389 39	7,398 36	616 53	20 55	10 27	
Commandant de compagnie.	Chef d'escadron	5,840 82	292 04	5,548 78	462 40	15 41	7 71	
	Capitaine.	3,783 67	189 18	3,594 49	239 54	9 98	4 99	
Commandant d'arrondissement.	Capitaine.	3,489 80	174 49	3,315 31	276 28	9 21	4 60	
	Lieutenant	2,718 37	135 92	2,582 45	215 20	7 17	3 59	
	Sous-lieutenant.	2,424 49	121 22	2,303 27	191 94	6 40	3 20	
Trésorier	Capitaine.	3,783 67	189 18	3,594 49	299 54	9 98	4 99	
	Lieutenant	3,122 45	156 12	2,966 33	247 19	8 24	4 12	
	Sous-lieutenant.	2,828 57	141 43	2,687 14	223 93	7 46	3 74	

LÉGION DE GENDARMERIE MOBILE.

DÉSIGNATION DES GRADES ET EMPLOIS.	SOLDE budgétaire par an.	RETENUE à déduire.	SOLDE NETTE			SOLDE nette d'absence par jour.	OBSERVATIONS.
			par an.	par mois.	par jour.		
	fr. c.	fr. c.	fr. c.	fr. c.	fr. c.	fr. c.	
Chef de légion. { Colonel.	8,779 59	438 98	8,340 61	695 05	23 17	11 58	
Lieutenant-colonel.	7,787 75	389 39	7,398 36	646 53	20 55	10 27	
Chef d'escadron (Infanterie).	5,546 94	277 35	5,269 59	439 13	14 64	7 32	
Capitaine - major , capitaine adjudant - major (infanterie) .	3,673 47	483 67	3,489 80	290 82	9 69	4 85	
Trésorier. { Lieutenant	3,048 98	452 45	2,896 53	244 38	8 05	4 02	
Sous-lieutenant.	2,748 37	135 92	2,582 45	245 20	7 17	3 59	
Officier d'habillement. { Lieutenant							
Sous-lieutenant.	2,424 49	121 22	2,303 27	191 94	6 40	3 20	
Compagnie d'infanterie. { Capitaine.	3,673 47	183 67	3,489 80	290 82	9 69	4 85	
Lieutenant.	2,748 37	135 92	2,582 45	245 20	7 17	3 59	
Sous-lieutenant.	2,424 49	121 22	2,303 27	191 94	6 40	3 20	
Escadron. { Capitaine.	3,893 88	494 69	3,699 19	308 27	10 28	5 14	
Lieutenant.	2,902 04	445 40	2,756 94	229 74	7 66	3 83	
Sous-lieutenant.	2,608 16	130 44	2,477 75	206 48	6 88	3 44	

GENDARMERIE D'AFRIQUE.

DÉSIGNATION DES GRADES ET EMPLOIS.		SOLDE budgétaire par an.	RETENUE à déduire.	SOLDE NETTE			SOLDE nette d'absence par jour.	OBSERVATIONS.
				par an.	par mois.	par jour.		
		fr. c.	fr. c.	fr. c.	fr. c.	fr. c.	fr. c.	
Chef de légion.	Colonel.	9,884 63	494 08	9,387 55	782 30	26 08	44 58	
	Lieutenant-colonel.	8,779 59	438 98	8,340 64	695 05	23 47	10 27	
Commandant de compagnie.	Chef d'escadron.	6,642 24	330 64	6,284 63	523 47	17 45	7 74	
	Capitaine.	4,374 43	248 57	4,452 86	346 07	44 54	4 99	
Commandant d'arrondissement.	Capitaine.	3,967 35	498 37	3,768 98	344 08	10 47	4 60	
	Lieutenant.	3,495 92	459 80	3,036 42	253 04	8 43	3 59	
	Sous-lieutenant.	2,902 04	445 40	2,756 94	229 74	7 66	3 20	
Trésorier.	Capitaine.	4,374 43	248 57	4,452 86	346 07	44 54	4 99	
	Lieutenant.	3,746 94	487 35	3,559 59	296 63	9 89	4 42	
	Sous-lieutenant.	3,342 86	467 44	3,475 72	264 64	8 82	3 73	

LÉGION DE LA GARDE RÉPUBLICAINE.

DÉSIGNATION DES GRADES ET EMPLOIS.		SOLDE budgétaire par an.	RETENUE à déduire.	SOLDE NETTE			SOLDE nette d'absence par jour.	OBSERVATIONS.
				par an.	par mois.	par jour.		
		fr. c.	fr. c.	fr. c.	fr. c.	fr. c.	fr. c.	
Colonel.		8,779 59	438 98	8,340 64	695 05	23 47	44 58	
Lieutenant-colonel.	Infanterie.	7,463 27	358 46	6,805 44	567 09	48 90	9 45	
	Cavalerie.	7,457 44	372 86	7,084 28	590 36	49 68	9 84	
Chef d'escadron.	Infanterie.	5,546 94	277 35	5,269 59	439 43	44 64	7 32	
	Cavalerie.	5,840 82	292 04	5,548 78	462 40	45 41	7 74	
Major.		5,546 94	277 35	5,269 59	439 43	44 64	7 32	
Capitaine adjudant-major.	Infanterie.	3,673 47	483 67	3,489 80	290 82	9 69	4 85	
	Cavalerie.	3,893 88	494 69	3,699 49	308 27	40 28	5 44	
Capitaine.	instructeur							
	trésorier							
	d'habillement.	3,673 47	483 67	3,489 80	290 82	9 69	4 85	
Chef de musique.		2,424 49	424 22	2,303 27	494 94	6 40	3 20	
Compagnie d'infanterie.	Capitaine.	3,673 47	483 67	3,489 80	290 82	9 69	4 85	
	Lieutenant	2,748 37	435 92	2,582 45	245 20	7 47	3 59	
	Sous-lieutenant.	2,424 49	424 22	2,303 27	494 94	6 40	3 20	
Escadron.	Capitaine.	3,893 88	494 69	3,699 49	308 27	40 28	5 44	
	Lieutenant	2,902 04	445 40	2,756 94	229 74	7 66	3 03	
	Sous-lieutenant.	2,608 46	430 44	2,477 75	206 48	6 88	3 44	

OFFICIERS DE SANTÉ ET VÉTÉRINAIRES MILITAIRES.

Tableau n° 9
du tarif n° 58 (modifié).

DÉSIGNATION DES GRADES ET EMPLOIS.		SOLDE budgétaire par an.	RETENUE à déduire.	SOLDE NETTE			SOLDE nette d'absence par jour.	OBSERVATIONS.
				por an.	par mois.	pár jour.		
		fr. c.	fr. c.	fr. c.	fr. c.	fr. c.	fr. c.	
Médecins et pharmaciens	majors { de 1re classe	6,284 63	344 08	5,967 55	497 30	16 58	8 29	
	de 2e classe	3,783 67	189 18	3,594 49	299 54	9 98	4 99	
	aides-majors { de 1re classe	2,684 63	134 08	2,547 55	212 30	7 08	3 54	
	de 2e classe	2,608 16	130 41	2,477 75	206 48	6 88	3 44	
Vétérinaire. { en premier		3,361 22	168 06	3,193 16	266 10	8 87	4 43	
en second		2,644 89	132 24	2,512 65	209 39	6 98	3 49	
Aide-vétérinaire.		2,424 49	121 22	2,303 27	191 94	6 40	3 20	

Collationné :
Le Chef du bureau des Archives,
H. Hennet.

Vu :
Le Chef de service,
A. de Mamony.

Certifié conforme :
Paris, le 10 juillet 1878.
*Le Directeur général du Contrôle
et de la Comptabilité de la guerre,*
E. Renaudin.

PARIS. — IMPRIMERIE J. DUMAINE, RUE CHRISTINE, 2.